SATTEL UND ZAUMZEUG

RICHTIG ANPASSEN UND ANLEGEN

von
Jane Holderness-Roddam

Illustrationen von
Carole Vince

CADMOS

Titel der Originalausgabe:
Jane Holderness-Rodamm, Fitting Tack
Threshold Picture Guide Nr. 4
© The Kenilworth Press 1993

Aus dem Englischen von
Susanne E. Müller

Cadmos Verlag, Lüneburg
Kavalkade Ratgeber Nr. 9
Für die deutschsprachige Ausgabe
Copyright © 1997 by Cadmos Verlag
Umschlagentwurf: Ravenstein Brain Pool
Druck: Westermann Druck Zwickau GmbH
Alle Rechte vorbehalten. Abdrucke oder Speicherung
in elektronischen Medien nur nach schriftlicher
Erlaubnis durch den Verlag.
Printed in Germany

ISBN 3-86127-214-8

INHALT

Sattel und Zaumzeug
RICHTIG ANPASSEN UND ANLEGEN

EINFÜHRUNG

Im Laufe der Jahrhunderte ist eine breite Palette an Sattel- und Zaumzeug für Pferde und Ponies erfunden und weiterentwickelt worden. Dieses Buch zeigt die Grundlagen für das korrekte und angenehme Anpassen des Sattel- und Zaumzeugs, die am häufigsten gemachten Fehler und wie sie sich vermeiden lassen. Angefangen beim Stall- oder Weidehalfter zum Führen geht es weiter zu Trensen- und Kandarenzaum, den Reithalftern, den gebräuchlichsten Gebissen und Martingals sowie dem Sattel und seinem Zubehör, aber auch zu spezielleren Ausrüstungsgegenständen wie Vorderzeug, Schweifriemen und der Ausrüstung zum Longieren.

Da gutes Sattel- und Zaumzeug eine beträchtliche Investition bedeutet und möglichst lebenslang halten soll, lohnt sich die intensive Suche. Und deshalb geht es in diesem Buch auch um die Aufbewahrung und Pflege sowie entsprechende Sicherheitstips.

Typ und Gebäude des Pferdes, seine Bewegungsmanier und die Disziplin, in der man reiten möchte - all das spielt eine Rolle bei der Auswahl des geeigneten Sattel- und Zaumzeugs. Während ein schmaler, eleganter Zaum für Schauen und Turniere geeignet ist, braucht man einen breiteren, stabileren Zaum fürs Springen, für die Geländeprüfung und die tägliche Arbeit. Es lohnt sich wirklich, bei der Auswahl des am besten für Reiter und Pferd geeigneten Sattelzeugs genügend Zeit zu investieren.

Es gibt Zäume, Sättel und Hilfszügel für jeden Pferdetyp, wobei man aber immer nach dem Einfachen streben sollte. Egal, ob Anfänger oder Fortgeschrittener, der Reiter sollte sich immer auf die wirklich notwendige Ausrüstung beschränken und sicherstellen, daß sie gut angepaßt wurde und richtig gepflegt wird.

VERKAUFS- UND STALLHALFTER

Das sogenannte Verkaufshalfter (meist aus einem Strick oder Gurt und Strick bestehend) ist eine Kombination aus Stallhalfter und Führleine und dient lediglich zum Führen oder Anbinden eines Pferdes. Um es anzupassen, legt man das Tau um den Hals des Pferdes, löst den Nasenriemen und zieht ihn über das Maul. Zum Schluß wird das Kopfteil über die Ohren gezogen. Rechts oder links von der Nase wird das Halfter zurechtgezogen und zur Sicherheit verknotet, so wie rechts im Bild gezeigt.

Stallhalfter bestehen normalerweise aus Leder oder Nylon und sind in verschiedenen Größen erhältlich. Das Kopfteil kann geöffnet werden, manche sind zusätzlich noch am Nasenriemen verstellbar. Zum Führen oder Anbinden wird ein Strick an dem Ring auf der Unterseite des Nasenriemens eingehakt.

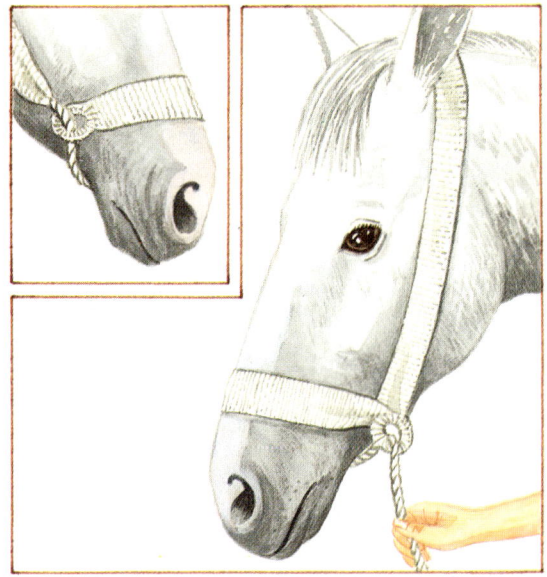

Das Verkaufshalfter aus Strick oder Gurtmaterial wird geöffnet über Kopf und Nase gelegt. An der Außenseite läßt es sich in der Größe verstellen.

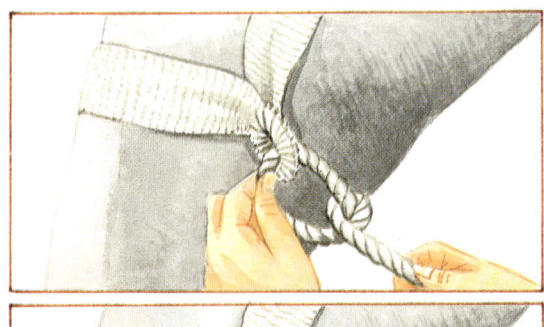

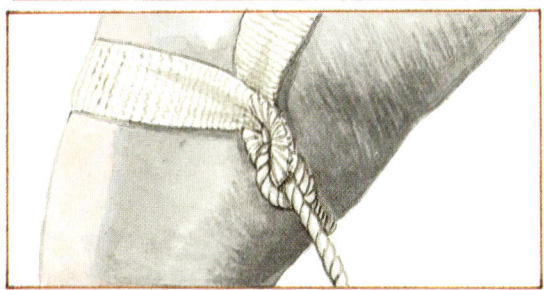

Der Strick muß immer verknotet werden, damit sich das Pferd nicht an den Ganaschen verletzen kann, wenn es hängenbleibt oder zurückzieht.

Ein richtig sitzendes Stallhalfter. Das Genickstück darf dem Pferd beim Anlegen nicht ins Auge geschlagen werden. Der Panikhaken des Führstricks sollte nach hinten zeigen.

ANLEGEN DES TRENSENZAUMS

Der Trensenzaum ist die einfachste und gebräuchlichste Zäumung. Er besteht aus Genick- oder
Kopfstück, Kehlriemen, Stirnband, den Genickstück und Gebiß verbindenden Backenstücken,
Zügeln und Reithalfter.

Der Trensenzaum muß dem Pferd passen.
Reithalfter und Kehlriemen müssen vor dem
Auftrensen geöffnet sein. Wenn der Zaum am
Kopf liegt, werden die Schnallen geschlossen, und
zwar von oben nach unten, d.h. erst der
Kehlriemen und dann das Reithalfter.

Es wird immer kontrolliert, ob alle Riemen
durch ihre Schnallen gezogen und eingestochen
sind. Wird der Trensenzaum abgenommen,
wird zuerst das Reithalfter, dann der Kehlriemen
geöffnet.

Die Zügel werden über den Kopf gelegt und der
Zaum wie abgebildet hochgezogen. Die linke Hand
schiebt das Gebiß ins Maul. Bei widerspenstigen
Pferden wird das Maul geöffnet, indem man mit den
Fingern gegen die Lefzen drückt.

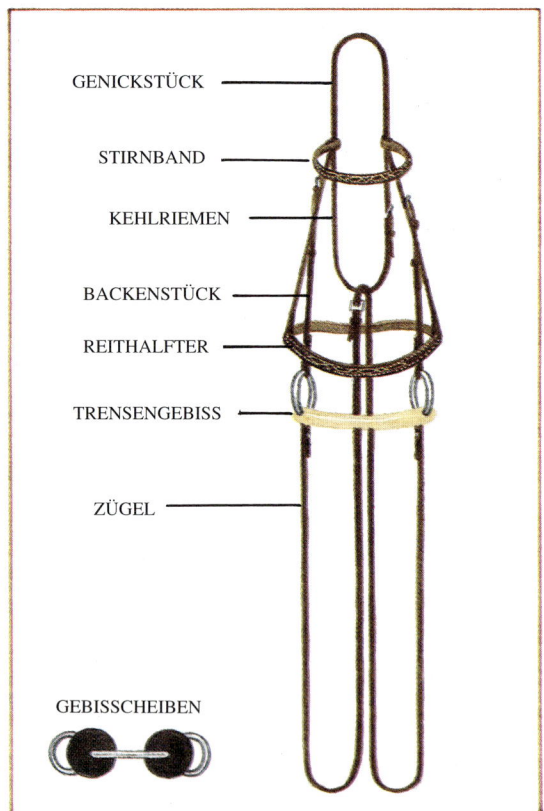

GENICKSTÜCK

STIRNBAND

KEHLRIEMEN

BACKENSTÜCK

REITHALFTER

TRENSENGEBISS

ZÜGEL

GEBISSCHEIBEN

Trensenzaum mit dekorativer Stickerei und
Gummi-Stangengebiß.
Unten: Gebiß mit Gummischeiben, die vor
eingerissenen Maulwinkeln schützen sollen.

Alternative: Der Reiter hält die Trense in der rechten
Hand und reicht mit dem Arm unter dem Hals
hindurch über die Nase. Wie vorher beschrieben, wird
das Pferd ermutigt, das Maul zu öffnen.

Der Trensenzaum wird über den Kopf gezogen, indem man ein Ohr nach dem anderen durchzieht. Der Zaum muß gut passen. Wenn nötig, werden die Backenstücke verschnallt.

Der Zaum wird geradegezogen und dann wird geprüft, ob alles richtig liegt. Der Schopf wird über das Stirnband gelegt und die Mähne unter dem Genickstück geglättet.

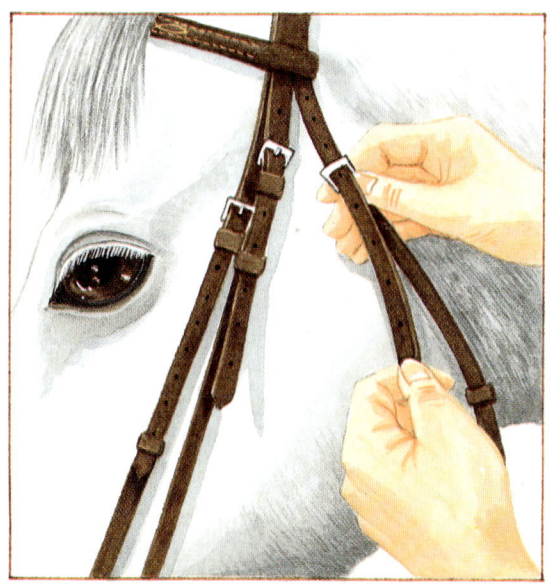

Der Kehlriemen darf die Atmung nicht behindern, wobei zu bedenken ist, daß manche Pferde regelrecht dicke Ganaschen bekommen, wenn sie beigezäumt sind, d.h. richtig am Zügel gehen.

Zwischen Ganasche und Kehlriemen sollte eine flache Hand Platz haben.
Zum Schluß werden noch alle Riemen durch die Laschen geschoben.

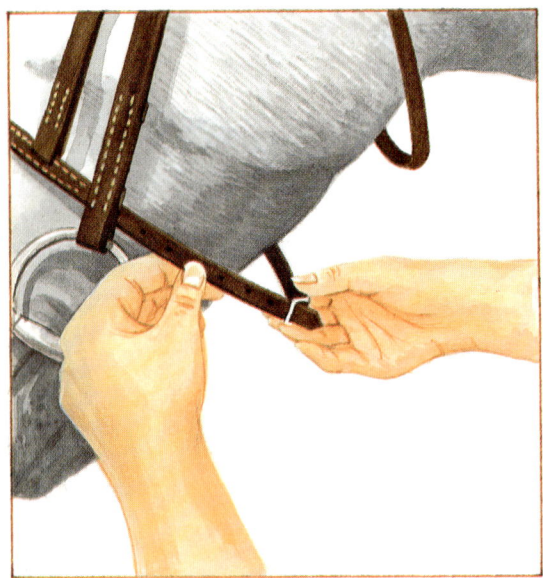

Das Englische Reithalfter liegt wie hier gezeigt unter den Backenstücken. Die Seitenteile müssen gleich lang sein. Auf dem Nasenrücken sollten zwei Finger Platz haben.

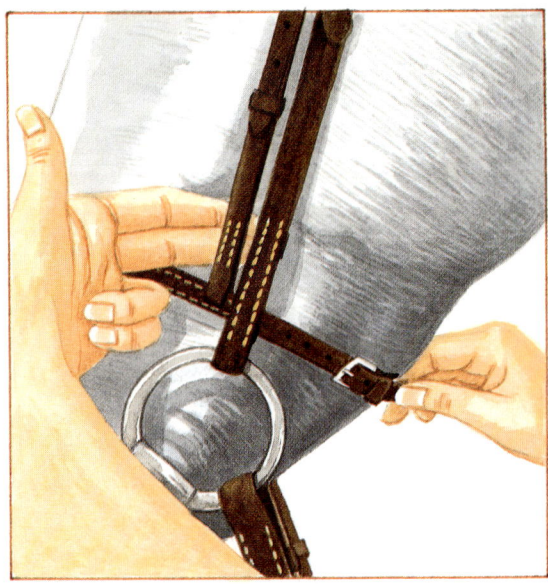

Das Reithalfter sollte etwa zwei Fingerbreit unter dem hervorstehenden unteren Teil des Jochbeins liegen, damit es nicht scheuert. Liegt es jedoch zu tief, könnte es gegen das Gebiß drücken.

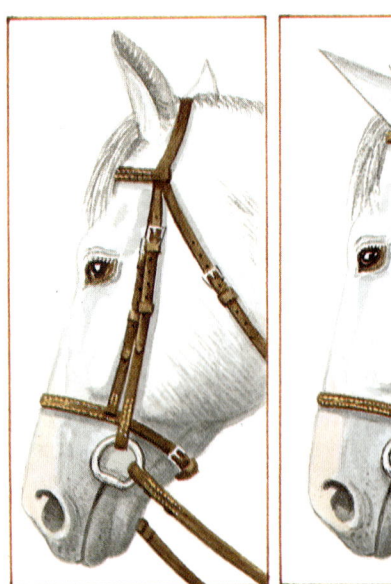

Das Stirnband darf nicht so eng sein, daß das Genick-stück gegen die Ohren drückt. Es darf auch nicht so hoch liegen, daß es von vorn gegen die Ohren drückt. Solche Unbehaglichkeiten können zu Kopfschlagen führen.

Zum Longieren oder wenn das Pferd noch eine Weile aufgetrenst und gesattelt stehen bleiben soll, werden die Zügel verkreuzt über den Kopf gelegt. Zusätzlich kann man noch ein Stallhalter oder einen Kappzaum anlegen.

GEBISSE

Die Wahl des Gebisses hängt hauptsächlich davon ab, wie sich das Pferd unter dem Reiter benimmt und reagiert. Das Gebiß mit der mildesten Wirkung ist die dicke Wassertrense mit losen Ringen oder mit festen Ringen, die sogenannte Olivenkopftrense. Da das Pferdemaul sehr empfindlich ist, gehen viele Pferde zufriedener mit einem Gummi- oder Nathe-Gebiß in Stangenform ohne die „Nußknacker-Wirkung" des gebrochenen Gebisses. Andere Pferde gehen besser mit einem doppelt gebrochenen Gebiß. Wenn ein Pferd Probleme beim Abwenden macht, hilft manchmal eine Knebeltrense, da sie den Druck auf das Jochbein verstärkt und gleichzeitig verhindert, daß das Gebiß durchs Maul gezogen wird.

Gummi- und Kupfergebisse sind zwar weicher, nutzen sich aber schneller ab und müssen laufend kontrolliert werden. Ein Gebiß aus Edelstahl (nicht Nickel) hingegen hält ein Leben lang.

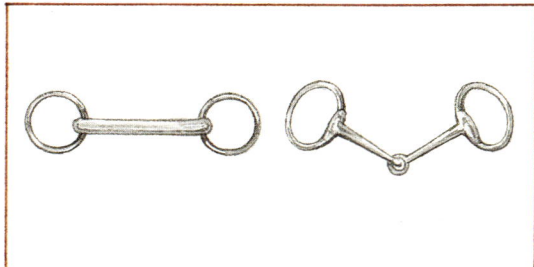

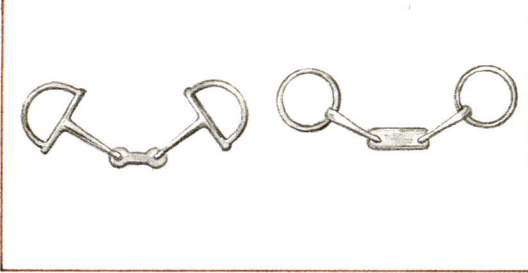

Vier verschiedene Trensengebisse. Oben links: gerades Stangengebiß mit losen Ringen, rechts: einfach gebrochene Olivenkopftrense, unten links: doppelt gebrochene D-Trense, rechts: doppelt gebrochene Wassertrense mit flacher Platte als Mittelstück

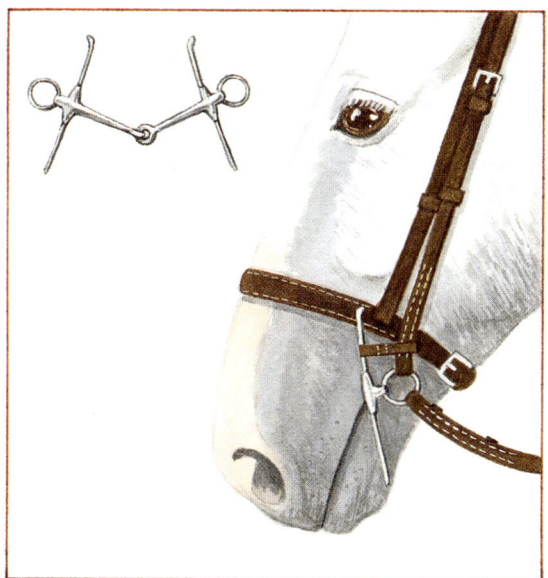

Eine Knebeltrense. Die Schenkel dienen als eine Art Lenkhilfe und bewirken außerdem, daß das Gebiß nicht durchs Maul gezogen werden kann.

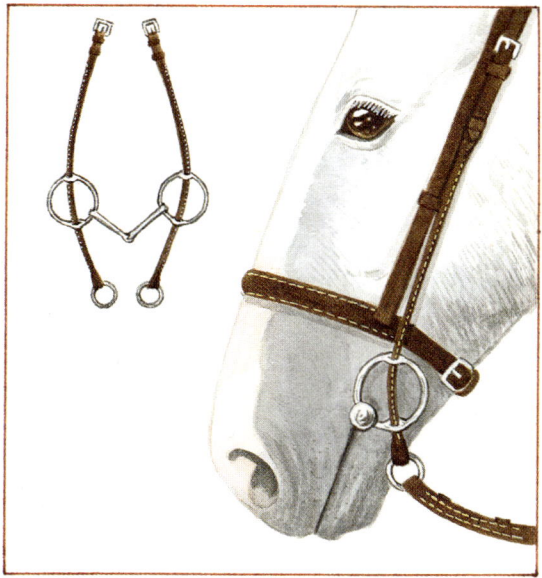

Eine Aufziehtrense mit eigenen Backenstücken. Dieses scharfe Gebiß wirkt auf Genick und Maul und erfordert eine weiche Hand und ist bei uns auf Turnieren nicht zugelassen.

ANPASSEN EINES TRENSENGEBISSES

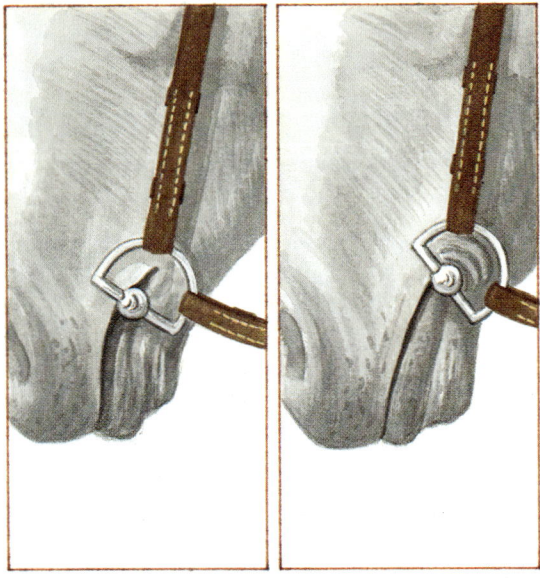 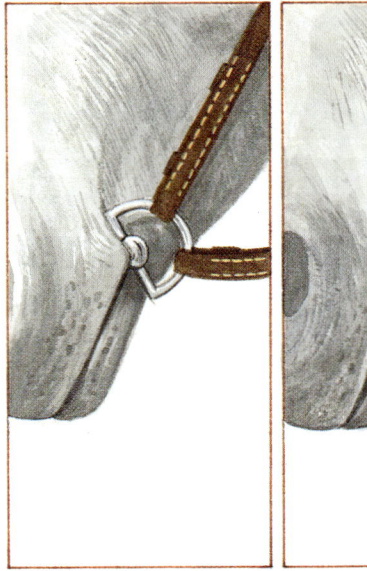 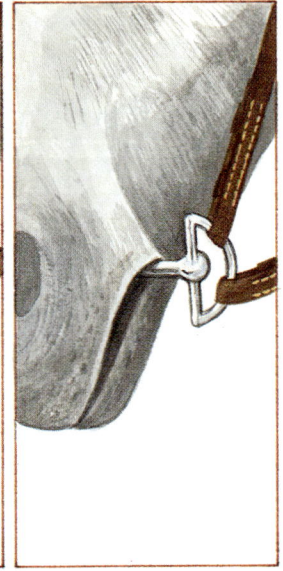

Wenn das Gebiß zu tief liegt (links), kommt es an die Zähne, und das Pferd kommt schnell auf die Idee, die Zunge über das Gebiß zu legen. Liegt es zu hoch (rechts), ist es für das Pferd unangenehm und unbequem.

Ein zu kurzes Gebiß (links) drückt und kneift und führt zu wunden, aufgescheuerten Maulwinkeln. Bei einem zu langen Gebiß (rechts) ist eine korrekte Einwirkung nicht möglich.

PELHAM

Das Pelham ist eine Kombination von Trense und Kandare mit einem einzigen Mundstück. Es ist geeignet für Pferde, die auf Trense zu heftig sind, aber die zwei Mundstücke des Kandarenzaums nicht mögen. Das Mundstück des Pelhams kann eine gerade oder gebogene Stange oder auch gebrochen sein, aus Metall, Gummi oder Nathe.

SPRINGKANDARE

Die Springkandare ist eigentlich eine Variante des Pelhams. Da die Backenstücke in die viereckige Öffnung eingeschnallt werden, wirkt die Springkandare aufs Genick. Wenn die Zügel im unteren Loch des Gebißrings eingeschnallt werden, hat das Gebiß eine größere Hebelwirkung. Die Springkandare darf nur mit einem Englischen Reithalfter benutzt werden.

 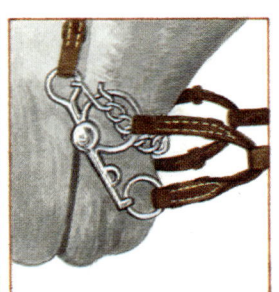  

Es gibt zwei Möglichkeiten, ein Pelham zu benutzen. Links, mit zwei Paar Zügeln, rechts, mit einem Ledersteg, dem sog. Pelhamriemchen, und nur einem Paar Zügeln, was die Handhabung vereinfacht, aber auch die Wirkung dieses Gebisses abschwächt.

Zwei verschiedene Formen der Springkandare. Durch die Löcher im Gebißring, links, ergeben sich unterschiedliche Stufen der Einwirkung. Das gebogene Mundstück bedeutet mehr Zungenfreiheit für das Pferd.

REITHALFTER

Es gibt verschiedene Reithalfter. Sie alle sollen die Wirkung des Gebisses in irgendeiner Form beeinflussen. Das gebräuchlichste ist das *Englische Reithalfter*, und es hat auch die mildeste oder sanfteste Wirkung. Es ist das einzige Reithalfter, das zum Kandarenzaum gehört.

Das *Hannoversche Reithalfter* dient der besseren Kontrolle über das Pferd. Es soll verhindern, daß das Pferd das Maul öffnet, um sich den Hilfen bzw. der Wirkung des Gebisses zu entziehen oder zu widersetzen. Es liegt etwas tiefer auf dem Nasenrücken als das Englische Reithalfter, darf aber die Atmung in keiner Weise behindern. Der Riemen wird unterhalb des Gebisses geschlossen und liegt in der Kinngrube. Es soll so eng sitzen, daß das Pferd nicht mehr so einfach das Maul öffnen kann.

Beim Kauf eines Hannoverschen Reithalfters sollte man auf einen breiten, angenehm sitzenden Nasenriemen achten. Die rechts und links vom Maul sitzenden Ringe sollten mit Metallhaken an den Backenstücken befestigt sein, damit sich der Nasenriemen nicht nach unten schieben kann und das Pferd in der Atmung behindert.

Das *Kombinierte* und das *Mexikanische Reithalfter* sind praktisch eine Kombination von Englischem und Hannoverschem Reithalfter, aber leicht unterschiedlich in ihrer Wirkung. Dieses Reithalfter eignet sich besonders für Pferde, die gern Ober- und Unterkiefer hin- und herschieben.

Das Englische Reithalfter ist das gebräuchlichste Reithalfter. Es kann mit jeder Art von Gebiß oder auch einem feststehenden Martingal benutzt werden. Der Nasenriemen kann sehr variieren in der Breite.

Ein Hannoversches Reithalfter wird für Pferde genommen, die das Maul sperren oder gar die Kiefer hin- und herschieben. Der Kinnriemen liegt unter dem Gebiß. Der Nasenriemen darf nicht auf die Nüstern drücken, und es darf nur mit Trensengebiß benutzt werden.

Ein Kombiniertes Reithalfter (Engl. Reithalfter
und Sperriemen) ist im Prinzip eine Kombination von
Englischem und Hannoverschem Reithalfter.

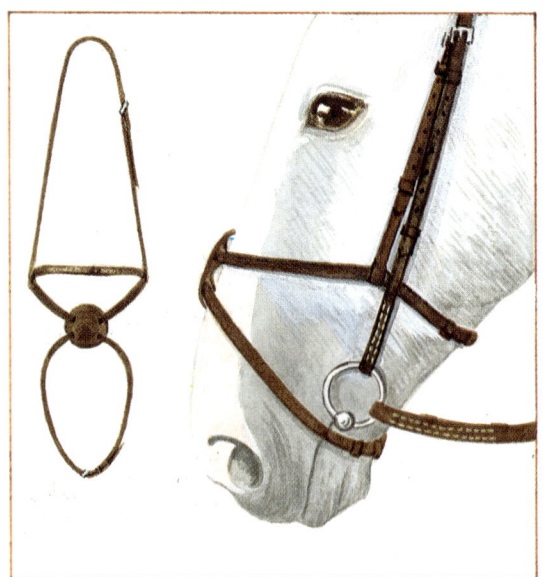

Das Mexikanische Reithalfter soll verhindern, daß das
Pferd die Kiefer hin- und herschiebt. Es soll angenehm
sitzen, wobei das Kreuz auf der Mitte des Nasenrückens
liegen und die Backenstücke nicht zu eng anliegen sollten.

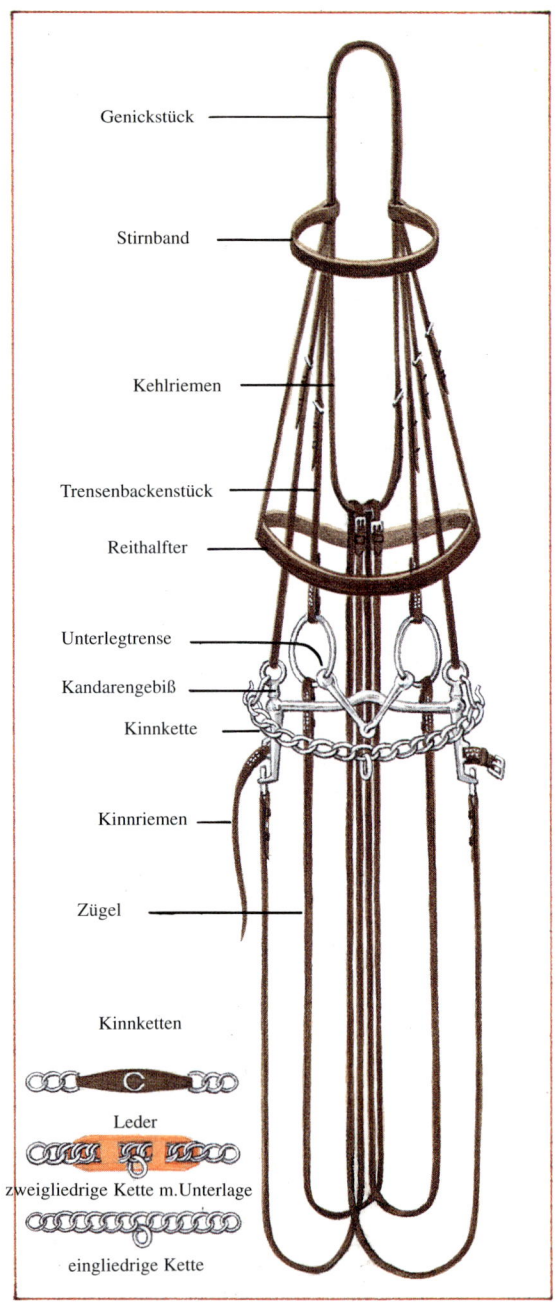

Genickstück
Stirnband
Kehlriemen
Trensenbackenstück
Reithalfter
Unterlegtrense
Kandarengebiß
Kinnkette
Kinnriemen
Zügel

Kinnketten

Leder

zweigliedrige Kette m.Unterlage

eingliedrige Kette

Kandarenzaum mit Zügeln an Kandare
und Unterlegtrense. Es gibt verschiedene Arten
von Kinnketten, je nach Pferdetyp und
Bewegungsmanier.

KANDARENZAUM

Der Kandarenzaum hat zwei Mundstücke. Die Trense oder Unterlegtrense hat eine aufrichtende Wirkung. Das Kandarengebiß mit Kinnkette wirkt nach unten und bestimmt den Grad der Einwirkung. Hierbei handelt es sich um eine diffizile Zäumung, die beträchtliches Können von seiten des Reiters verlangt.

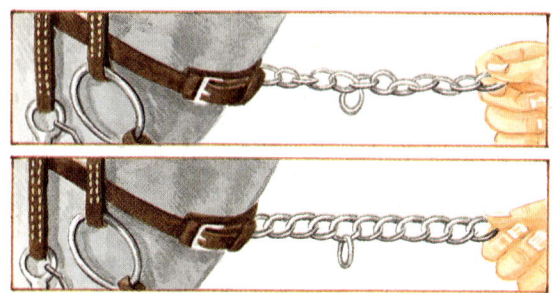

Die Kinnkette muß so lange gedreht werden, bis sie flach unter dem Kinn liegt und das lose Kettenglied nach unten zeigt.

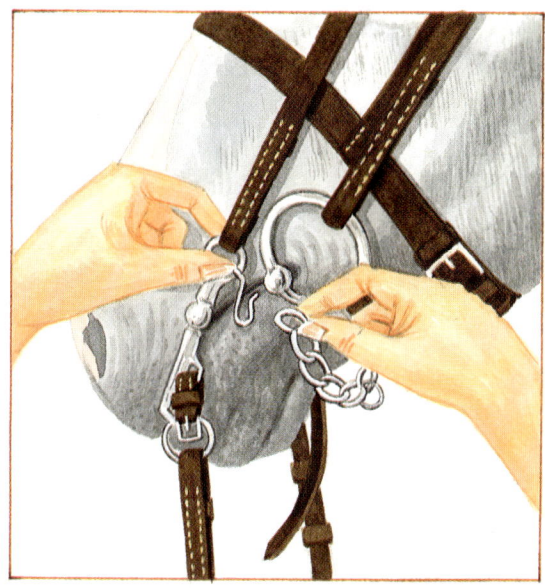

Die Kinnkette wird unterhalb der Unterlegtrense auf der Außenseite flach nach innen geführt und unterhalb des Trensenrings an dem Häkchen auf der Innenseite eingehakt.

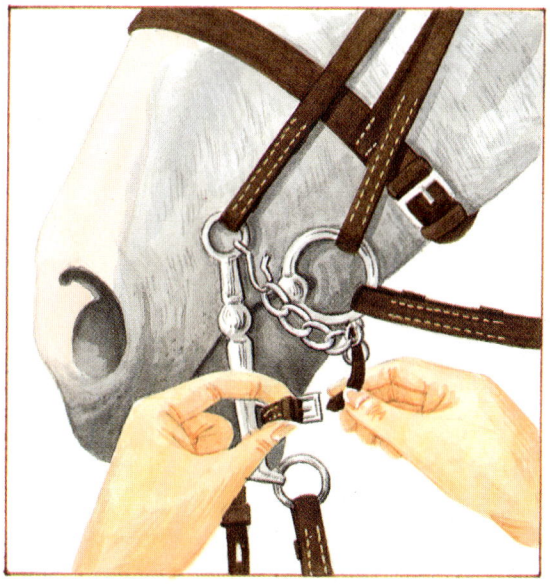

Der Kinnriemen wird durch das mittlere Kettenglied geführt und dann eingeschnallt. Seine Aufgabe ist es, die Kinnkette an ihrem Platz zu halten.

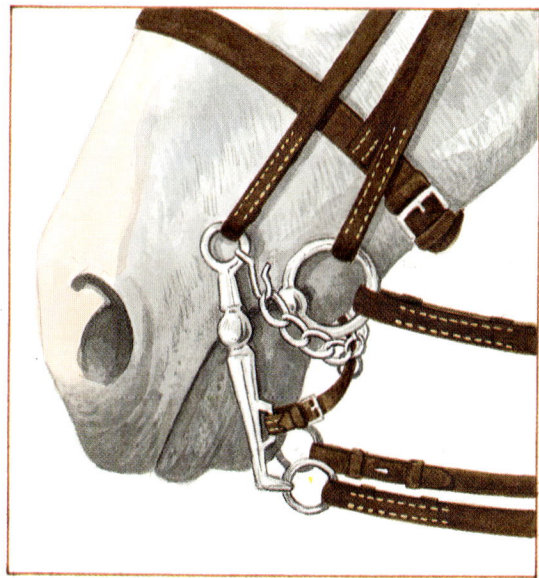

Ein korrekt angepaßter Kandarenzaum. Wenn die Kinnkette befestigt ist und die Zügel aufgenommen wurden, sollte ein Winkel von 45° bestehen.

SÄTTEL

Der Sattel ist der teuerste Teil der Ausrüstung, und er muß unbedingt richtig liegen und gut passen. Ein gut gepflegter Qualitätssattel hält ein Leben lang, so daß es sich lohnt, bei der Auswahl des richtigen Sattels den Rat eines Fachmanns einzuholen.

Ein Sattel wird um einen Rahmen, den sog. Baum, gebaut. Es gibt drei Größen - schmal, mittel und breit - und verschiedene Längen, je nach Pferderücken.

Außerdem gibt es drei verschiedene Typen von Sätteln: Dressur, Springen und Vielseitigkeit. Der **Dressursattel** ist gerade geschnitten. Das Sattelschloß liegt weit zurück, um das „lange Bein" des Dressurreiters zu ermöglichen. Beim **Springsattel** mit dem nach vorn geschnittenen Sattelblatt und dem weiter vorn liegenden Sattelschloß sind die Steigbügel dem Springsitz entsprechend kürzer. Der **Vielseitigkeitssattel** ist eine Kombination dieser beiden Satteltypen. Er ist geeignet für alle Disziplinen, auch fürs Geländereiten.

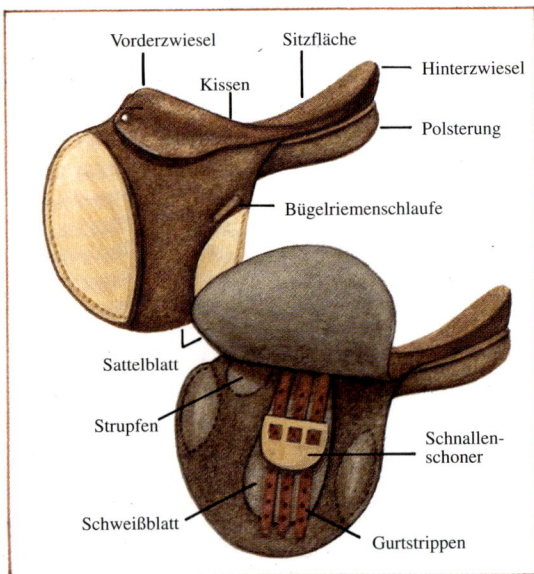

Zwei Ansichten eines Springsattels. Bemerkenswert sind die gepolsterten Kniepauschen und das nach vorn geschnittene Sattelblatt für einen bequemen Sitz mit den beim Springen üblichen kurzen Steigbügeln.

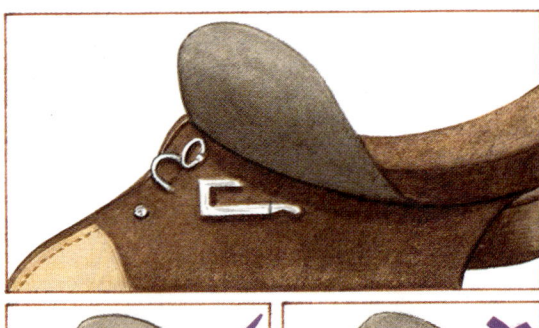
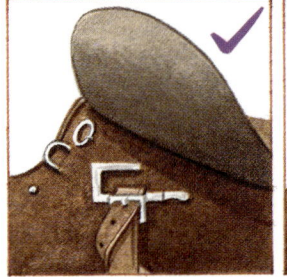

Die Sturzfeder ist geöffnet. Wenn ein Reiter im Sattel sitzt, muß die Sturzfeder immer offen sein. Bei geschlossener Sturzfeder (oder Sattelschloß) kann der Reiter im Falle eines Sturzes im Steigbügel hängenbleiben.

SATTELGURTE, STEIGBÜGEL UND BÜGELRIEMEN

Es gibt hauptsächlich drei Arten von *Sattelgurten*. *Gurte aus Gurtmaterial* werden immer paarweise benutzt. *Schnuren- oder Perlongurte* sind robust und scheuern nicht so leicht. Leder ist zwar am teuersten, aber bei richtiger Pflege hält ein solcher Gurt ewig. Beim Kauf eines Ledergurtes sollte man daher auf Qualität, die Nähte und die Lederstärke achten. Ein längerer Gurt ist bequemer als ein kurzer. Elastische Einlagen geben dem Gurt mehr Flexibilität, aber sie müssen doppelt liegen, da sie sonst nicht stark genug sind.

Die *Steigbügel* sollten so breit sein, daß neben dem Fuß jeweils 1,5 cm Platz ist. Sind sie zu groß, kann der Fuß ganz durchrutschen. Sind sie zu schmal, kann der Fuß eingeklemmt werden. Gummieinlagen in der Trittfläche geben mehr Halt. Die Bügelriemen müssen in den Steigbügel passen und eine dem Reiter entsprechende Länge haben.

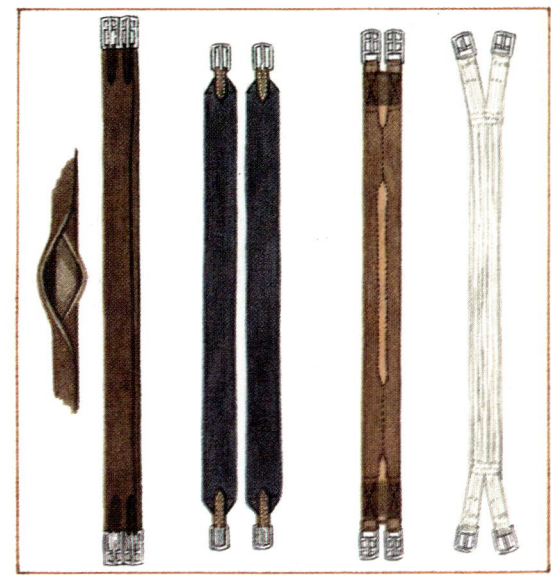

Einige der gebräuchlichsten Gurte. Von links nach rechts: dreifach gelegter Ledergurt. Ein Paar Gurte aus Gurtstoff. Ein Nylongurt mit Schaumstoffeinlage und ein Schnurengurt.

Steigbügel. Links: ein normaler Steigbügel mit und ohne Gummieinlage. Rechts: ein Sturzsteigbügel mit einem Gummi, der abspringt, wenn der Reiter vom Pferd stürzt.

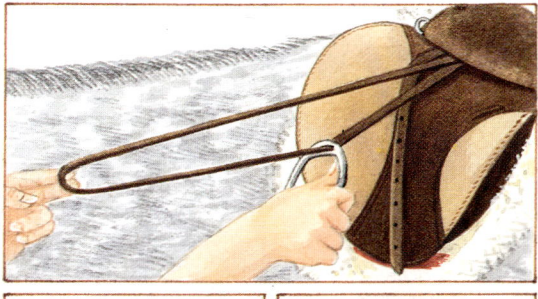

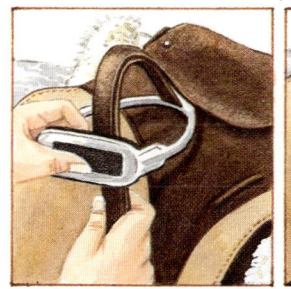
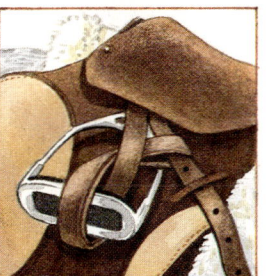

Steigbügel sollten nie lose herunterhängen. Das Pferd könnte sich davor erschrecken oder damit hängenbleiben. Sie werden immer hochgezogen und das Riemenende durchgezogen.

AUFLEGEN DES SATTELS

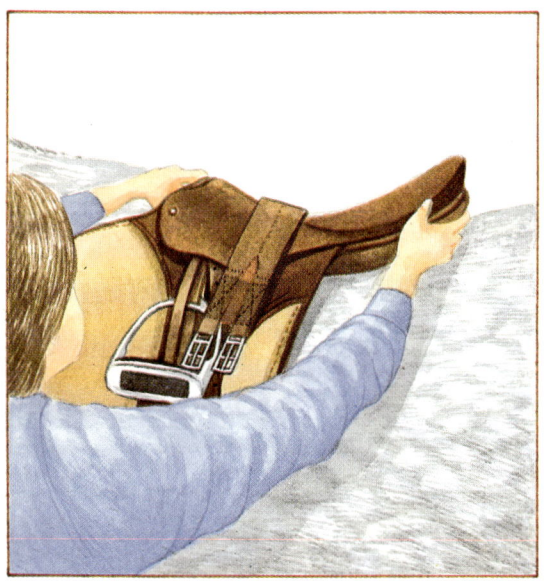

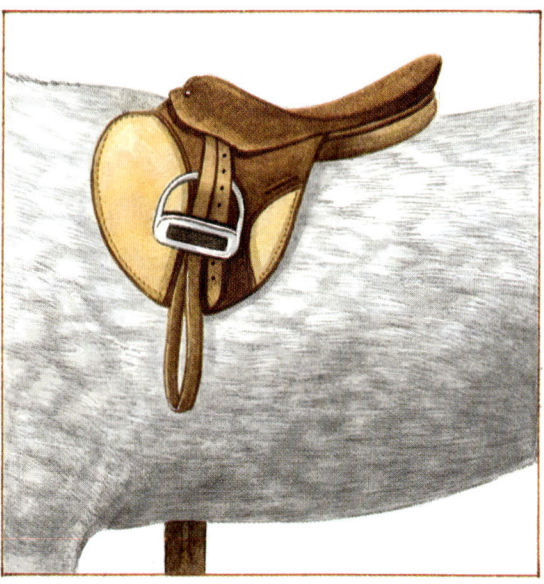

Der Sattelgurt wird auf der rechten Seite befestigt und bei hochgezogenen Steigbügeln über den Sattel gelegt. Auf der linken Seite stehend legt man den Sattel am Widerrist auf und schiebt ihn dann leicht nach hinten, so daß das Fell nicht gegen den Strich liegt.

Wenn der Sattel richtig liegt, wird der Gurt vorsichtig heruntergelassen. Bei einem jungen oder schreckhaften Pferd sollte man das immer von der rechten Seite aus tun.

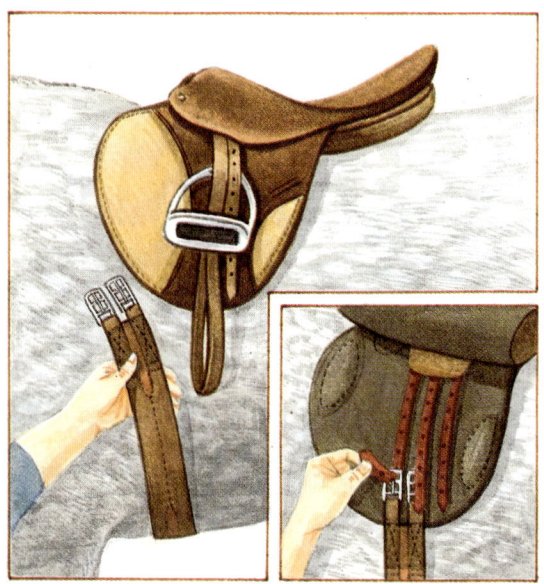

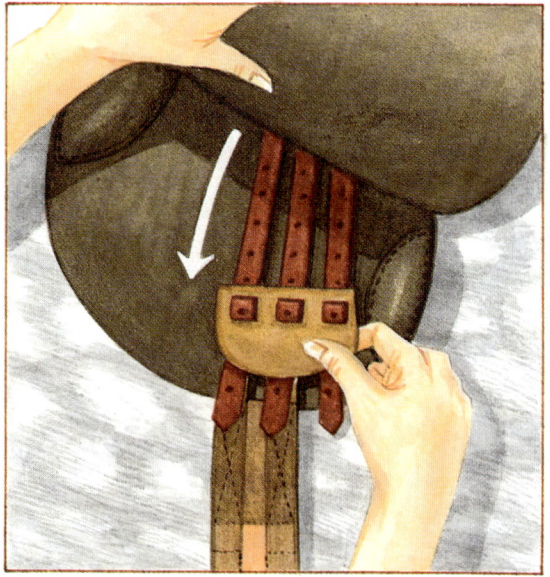

Der Gurt wird an den ersten beiden oder der ersten und der dritten Strippe festgeschnallt. Bei einem zweischnurigen Gurt nimmt man die ersten beiden Strippen.

Die Schnallen müssen immer auf gleicher Höhe liegen. Das Schnallenschutzblatt wird heruntergezogen, um das Sattelblatt zu schützen. Vor und nach dem Aufsitzen wird der Gurt kontrolliert, da ein Nachgurten nötig sein könnte.

ANPASSEN DES SATTELS

Es ist sehr wichtig, daß der Sattel dem Pferd genau paßt, da er sonst dem Pferd unangenehm sein kann oder es gar zu Verletzungen im Rückenbereich kommen kann. Die folgenden vier Hauptpunkte müssen überprüft werden, wenn der Reiter im Sattel sitzt:

1. Der Sattel muß die richtige Größe für Reiter und Pferd haben.
2. Der Sattel darf (a) keinen Druck auf die Wirbelsäule des Pferdes ausüben, und die Kammer (b) muß genügend Freiheit haben.
3. Der Sattelbaum darf nicht auf den Widerrist drücken oder kneifen.
4. Der Sattel muß gerade liegen und das Reitergewicht gleichmäßig auf dem Pferderücken verteilen, ohne die Schulterfreiheit einzuschränken oder zu weit hinten auf den Lenden zu liegen.

Der Sattel kann von Zeit zu Zeit aufgepolstert werden, um die Kissen zu verbessern. Wenn der Sattelbaum dem Pferd jedoch nicht richtig paßt, ist ein anderer Sattel die einzige Alternative.

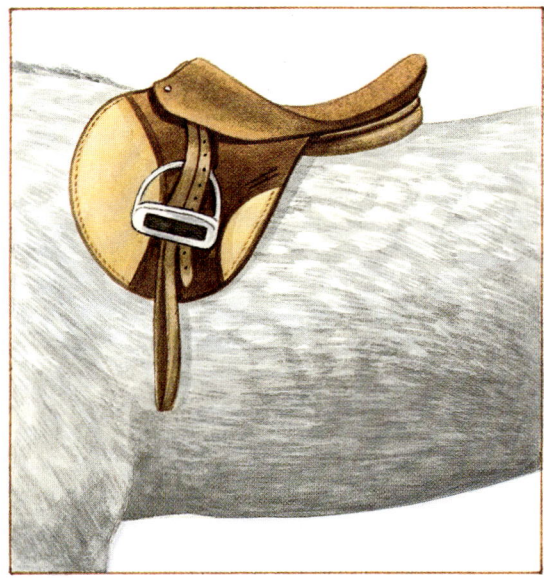

Dieser Sattel liegt schlecht, da er zu hoch liegt und das Reitergewicht zu weit nach hinten verlagert.

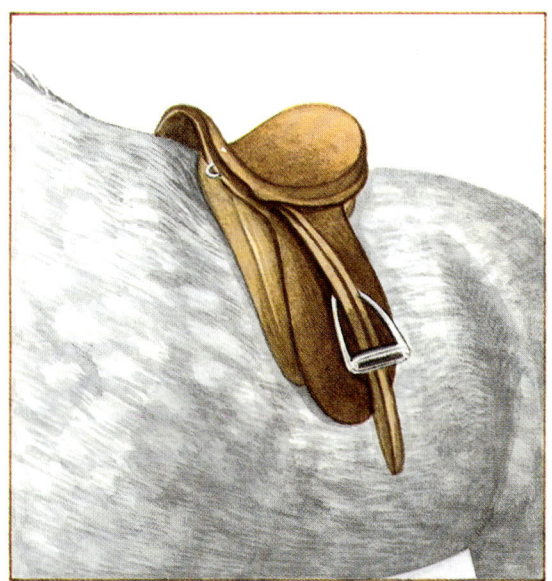

Hier ist der Sattelbaum zu schmal und klemmt am Widerrist. Durch diesen Druck wird das Pferd in seiner Schulterfreiheit eingeschränkt.

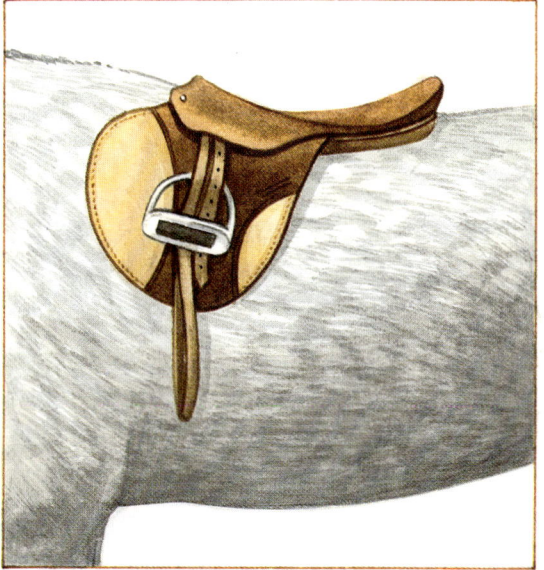

Dieser Sattel liegt zu flach am Pferd. Das könnte durch Aufpolstern gebessert werden, aber es ist möglich, daß der Sattelbaum trotzdem noch zu weit für dieses Pferd ist.

MARTINGALS

Ein Martingal soll verhindern, daß das Pferd seinen Kopf hochnimmt und sich dadurch der Einwirkung des Reiters entzieht. Das in Deutschland weniger gebräuchliche und nicht ganz ungefährliche, *feststehende Martingal* besteht aus einem Lederriemen, der vom Reithalfter durch einen Halsriemen zwischen den Vorderbeinen zum Sattelgurt führt. Das Martingal wirkt erst, wenn das Pferd seinen Kopf zu hoch nimmt. Ein feststehendes Martingal darf nur in Verbindung mit dem Englischen Reithalfter benutzt werden, da sonst das Pferd in der Atmung eingeschränkt oder gar die Nase verletzt werden könnte.

Das *gleitende Ringmartingal* teilt sich am Halsteil in zwei Riemen, die am Ende mit einem Ring versehen sind, durch den die Zügel geführt werden. Mit diesem Martingal kann das Pferd seinen Kopf nicht mehr so hoch reißen oder zur Seite werfen, und es ist ganz allgemein besser zu lenken. An den Zügeln müssen sich *Martingalschieber* befinden, damit sich die Martingalringe nicht vorne an den Schnallen am Gebiß verfangen können.

Der Halsriemen wird über den Kopf gezogen, und das untere Ende des Martingals wird am Gurt befestigt. Die korrekte Länge stellt man fest, indem man das vordere Ende zur Kehle oder an den Widerrist führt.

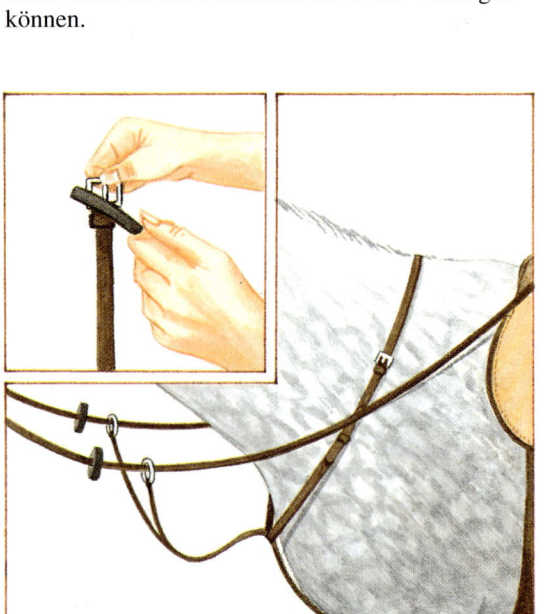

Beim gleitenden Ringmartingal befinden sich an beiden Zügeln zwischen Gebiß und den Ringen des Martingals die Martingalschieber, damit sich die Ringe nicht an den Zügelschnallen festhaken können.

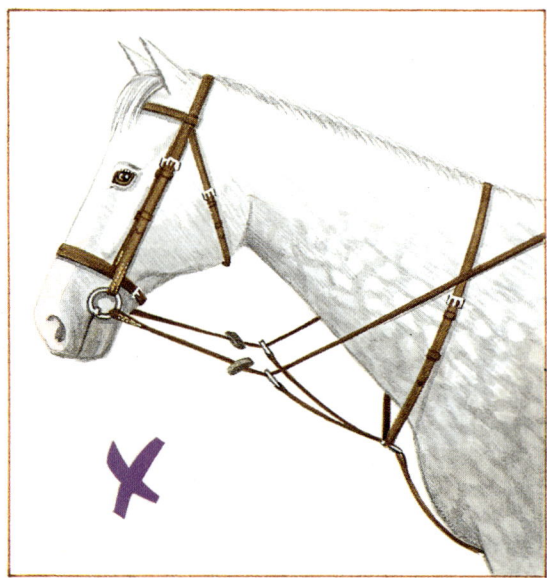

Das gleitende Martingal ist zu kurz, wenn die Zügel nach unten gezogen werden, obwohl das Pferd den Kopf normal hält.

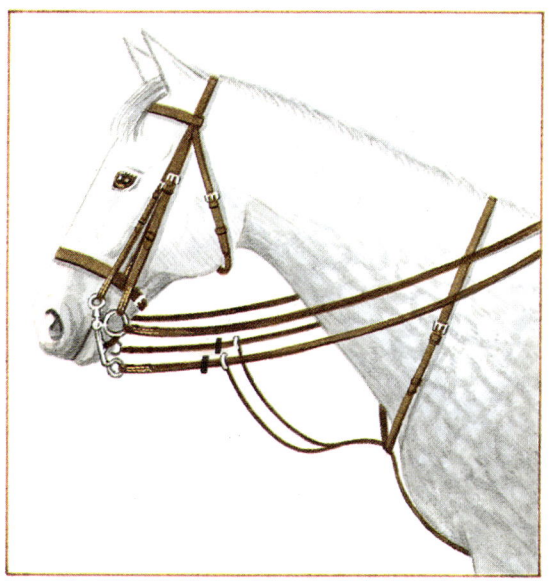

Wenn Ringmartingal und Kandarenzaum kombiniert werden, führen die Kandarenzügel durch die Martingalringe, wodurch die „kopfsenkende" Wirkung noch gesteigert wird. Martingalschieber müssen benutzt werden.

Ein feststehendes Martingal, korrekt angepaßt mit Englischem Reithalfter. Ein Gummistopper am Halsriemen verhindert, daß er nach vorne rutscht.

SATTELDECKEN

Die *Satteldecke* ist eine Unterlage in Sattelform aus Lammfell, Kunstlamm, Filz, Baumwolle oder Synthetikmaterial und muß immer etwa drei cm größer sein als der Sattel selbst. Sie mindert den Druck auf den Pferderücken. Wenn aber der Sattel nicht richtig paßt, darf eine die Probleme mildernde Satteldecke niemals mehr als nur eine Notlösung sein.

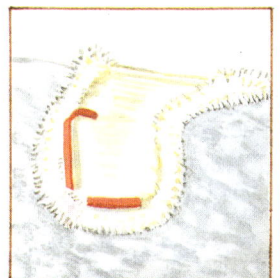 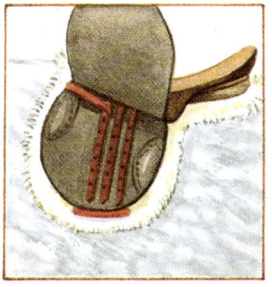

Eine richtig liegende Satteldecke. Die Schlaufe wird über eine der Gurtstrippen gezogen, damit die Decke Halt bekommt. Durch die unteren Schlaufen wird der Sattelgurt geführt.

Die Satteldecke wird vorne in die Kammer hochgezogen, damit sie nicht auf den Widerrist drückt. Sie kann schon vor dem Satteln am Sattel befestigt werden.

VORDERZEUG UND BRUSTBLATT

Vorderzeug und Brustblatt sollen verhindern, daß der Sattel nach hinten rutscht, besonders auf einem durchtrainierten, schlanken Pferd. D*as Jagd-Vorderzeug* besteht aus einem Halsriemen, der an den D-Ringen des Sattels rechts und links vom Widerrist und mit einem Riemen zwischen den Vorderbeinen hindurch am Sattelgurt befestigt wird.

Wenn nötig, kann noch ein gleitendes Martingal, die Martingalgabel, eingeschnallt werden.

Ein *Brustblatt* (meist für Rennsättel) ist ein breiter Riemen aus Leder, Gurt- oder Elastikmaterial, der über die Brust führt und jeweils am Gurt festgeschnallt wird. Das Brustblatt darf weder so hoch liegen, daß es die Halsbewegung einschränkt, noch so tief, daß es die Schulterfreiheit einschränkt.

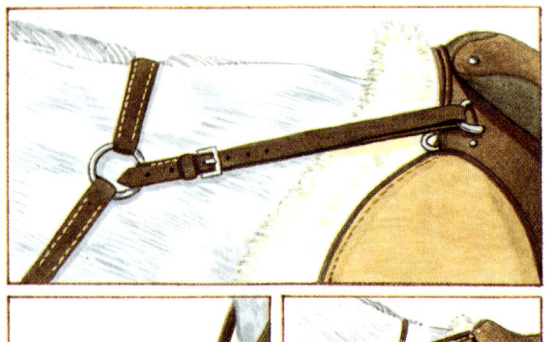

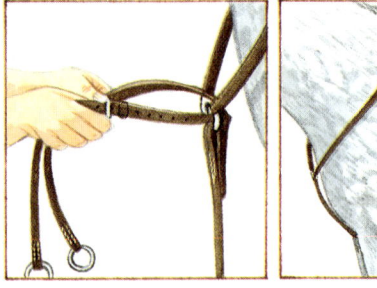 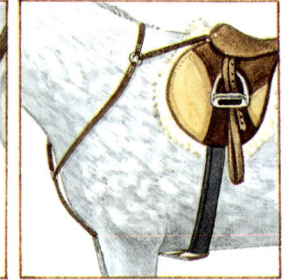

Ein richtig liegendes Vorderzeug. Es soll bequem sein, aber eng genug, daß der Sattel nicht verrutschen kann. Links: Vorderzeug mit Martingalgabel.

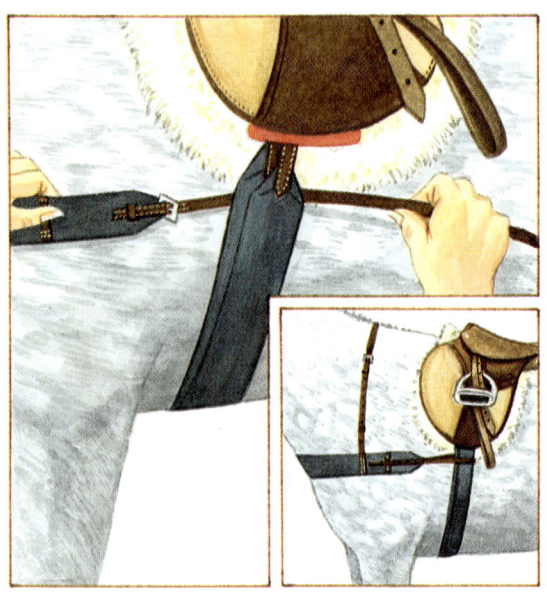

Das Brustblatt wird auf beiden Seiten am Gurt befestigt. Es darf weder zu eng oder zu tief an den Schultern sitzen, noch so hoch, daß es in den Hals schneidet.

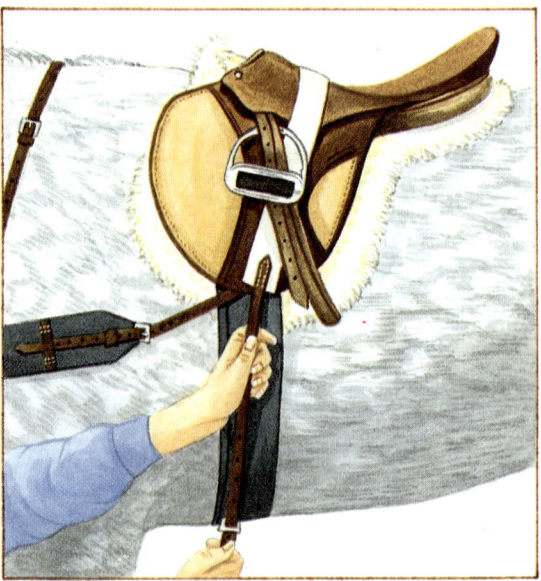

Ein Übergurt verhindert, daß die Schlaufen des Brustblatts verrutschen und die Sattelblätter hochschieben. Der Gurt wird mitten unter dem Bauch zugeschnallt, keinesfalls im Bereich der Ellbogen.

BLEIDECKE

Eine *Satteldecke mit Bleigewichten*, die sogenannte Bleidecke, kann in den hohen Klassen der Vielseitigkeit, im Spring- oder Rennsport eingesetzt werden.
Es gibt unterschiedliche Formen, aber in jedem Fall müssen die Bleigewichte gleichmäßig auf beiden Seiten der Wirbelsäule des Pferdes verteilt sein, wobei etwas mehr vorne in der Nähe des Schwerpunktes liegen kann, aber ohne auf den Widerrist zu drücken.

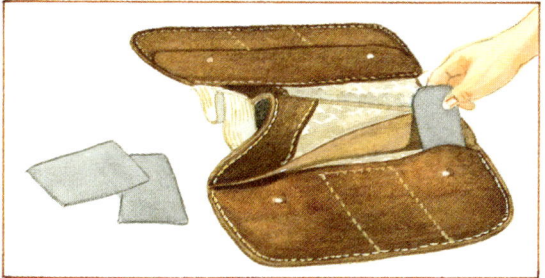

Die Bleidecke ist anatomisch geformt und hat keine Befestigungsschlaufen. Die Bleigewichte liegen gleichmäßig verteilt und so weit vorn wie möglich in den Taschen.

Die Bleitasche wird am besten auf eine Satteldecke gelegt, wenn sie nicht schon in eine Satteldecke integriert ist. Beide Decken werden weit nach vorn gelegt, bevor die Gurte angezogen werden.

SCHWEIFRIEMEN

Ein *Schweifriemen* oder Sattelhalterriemen wird unter dem Schweif befestigt und verhindert, daß der Sattel nach vorne rutscht. Er ist besonders nützlich bei dicken Ponies mit wenig Widerrist. Da Schweifriemen heutzutage nicht mehr so üblich sind wie früher, muß man wahrscheinlich einen Sattler bitten, hinten am Sattel einen D-Ring für die Befestigung des Schweifriemens anzubringen.

 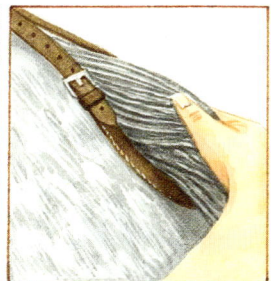

 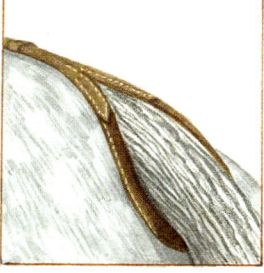

Dieser Schweifriemen hat keine Schnallen, so daß man den Schweif vorsichtig durchziehen muß. Beim ersten Anlegen eines Schweifriemens sollte man das Pony von einem Helfer festhalten lassen.

Der Schweifriemen (oben) wird um den Schweif gelegt und zugeschnallt. Das andere Ende wird am D-Ring des Sattels befestigt, aber nicht zu kurz, damit der Schweif nicht hochgezogen wird.

LONGIERAUSRÜSTUNG

Beim Longieren läßt der Reiter sein Pferd an einer langen, am Kopfstück befestigten Leine im Kreis um sich herumlaufen. Das Longieren dient der Bewegung oder dem Training des Pferdes. Zur Ausrüstung gehören: ein *Kappzaum,* d.h. ein Kopfstück mit drei Ringen auf dem Nasenriemen; eine *Longierleine*, etwa sieben Meter lang; *Ausbindezügel*, die vom Sattel oder Longiergurt aus am Kapp- oder Trensenzaum befestigt sind; und eine *Longierpeitsche*. Die Pferdebeine sollten immer mit Gamaschen oder Bandagen geschützt werden. Beim Longieren sollte man immer Handschuhe und eine sturzfeste Kappe tragen.

Wenn das Pferd nur bewegt werden soll, reichen Kappzaum, Longe und Peitsche aus. Mit Ausbindern hat man eine bessere Kontrolle über das Pferd, und sie erleichtern es dem Pferd, vorwärts-abwärts bei gleichmäßiger Anlehnung mit einer natürlichen Kopfhaltung zu gehen. Wer genügend Erfahrung besitzt, kann die Ausbinder auch mit Trensenzaum benutzen.

Wenn das Pferd mit Sattel longiert wird, werden die Steigbügel entweder abgenommen oder hochgeschnallt. Bei einem nervösen Pferd werden die Sattelblätter mit einem Über- oder Deckengurt befestigt.
Wenn das Pferd auf Trense gezäumt ist, wird das Reithalfter abgenommen, damit der Kappzaum, der unter den Backenstücken verschnallt wird, genügend Platz hat. Die Zügel werden gedreht und durch den Kehlriemen gezogen, oder sie werden verkreuzt und über den Hals gezogen. Die Ausbinder werden am D-Ring des Sattels eingehakt, wenn das Pferd zum Longierzirkel geführt wird.

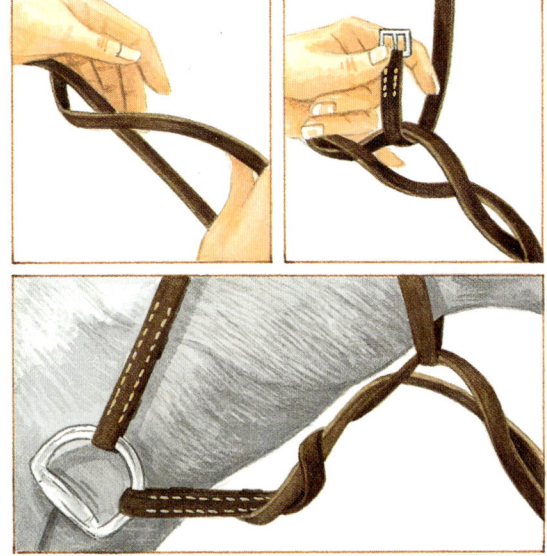

Wenn mit Trense longiert wird, können die Zügel ganz abgenommen oder sicher befestigt werden, indem man sie dreht und den Kehlriemen durchzieht.

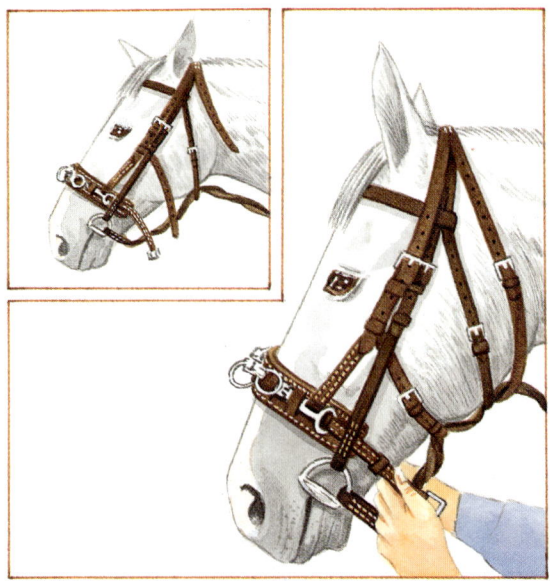

Der Kappzaum liegt über dem Trensenzaum und wird unter den Backenstücken befestigt. Praktischerweise nimmt man vorher das Reithalfter vom Trensenzaum ab.

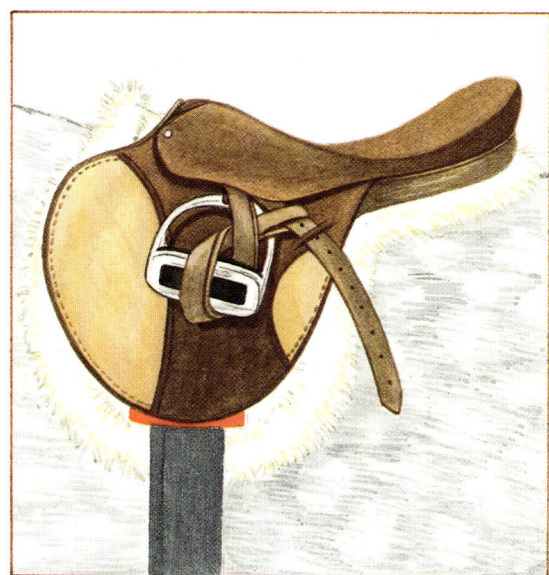

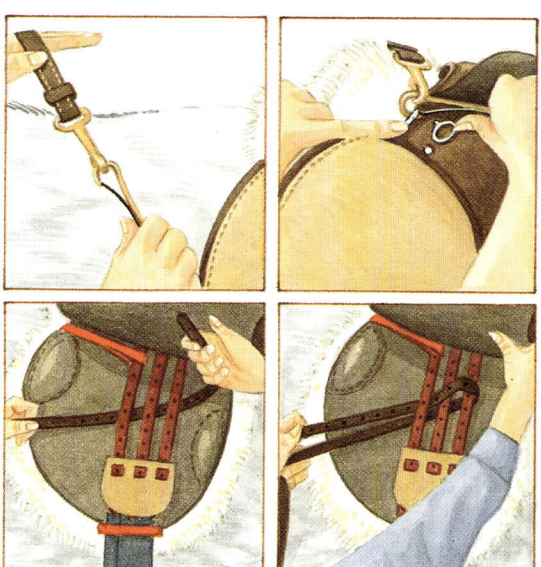

Wenn mit Sattel longiert wird, müssen die Bügel befestigt werden, damit sie nicht umherflattern können. Wenn sie dauernd wieder loskommen, sollte man sie ganz abnehmen.

Ausbinder werden normalerweise durch die Gurtstrippen über den Schnallen gezogen, um sie in Position zu halten. Wenn sie nicht benutzt werden, hakt man sie am besten in den D-Ring des Sattels ein.

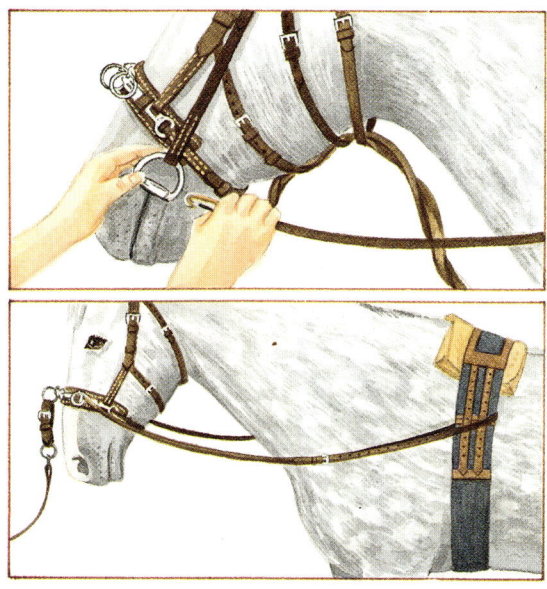

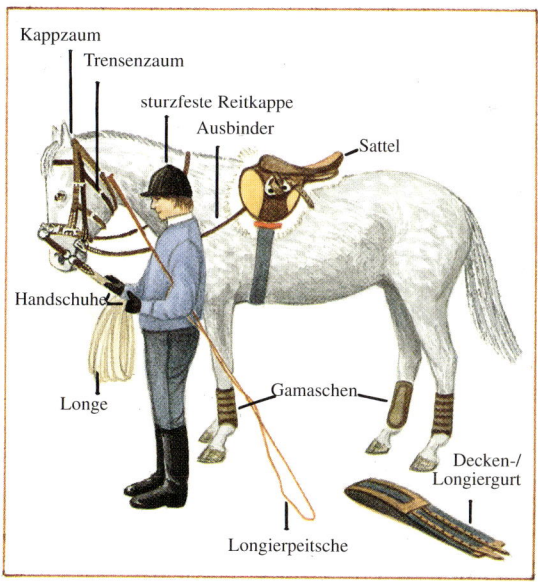

Die Longe wird in den mittleren Ring und die Ausbinder in die seitlichen Ringe des Kappzaums gehakt. Hier wird ein Deckengurt statt Sattel genommen.

Das Pferd ist fertig ausgerüstet zum Longieren.

DIE PFLEGE

Die richtige Pflege des Lederzeugs verlängert ohne Zweifel seine Lebensdauer. Die regelmäßige Überprüfung aller Nähte und des Zustandes des Leders ist auch ein Sicherheitsaspekt. Das gesamte Lederzeug sollte nach Gebrauch mit einem Schwamm abgerieben und abgewischt werden. Einmal wöchentlich wird alles auseinandergelegt und gründlich gereinigt, um es in gutem Zustand zu halten.

Zuerst einmal wird das Leder mit einem feuchten Lappen oder Schwamm abgerieben. Danach wird Sattelseife auf beide Seiten des Leders aufgetragen, wobei auch Falten und Kanten nicht vergessen werden. Wenn sich das Leder hart anfühlt, wird Lederkonservierungsmittel mit einer kleinen Bürste oder einem Schwamm aufgetragen. Sobald es eingezogen ist, wird die Sattelseife großzügig eingerieben. Besonderes Augenmerk gilt dem Zügelleder, da es im Bereich des Gebisses dünn und abgenutzt sein kann. Die Nähte am Sattel werden überprüft, wobei man auf jegliche Abnutzungserscheinungen achtet, damit das Lederzeug nicht zum Sicherheitsrisiko wird.

Metallteile werden in warmem Wasser gewaschen und sorgfältig abgetrocknet. Damit sie schön glänzen, können sie mit Metallpolitur eingerieben werden. Die Gebisse werden dabei aber ausgespart, denn die Politur hat einen unangenehmen Geschmack. Auch auf das Leder darf nichts davon kommen, da ein weißer Fleck entstehen könnte. Die Gummieinlagen werden aus den Steigbügeln herausgenommen, gesäubert und wieder eingesetzt.

Stoff-, Schnuren- oder Nylongurte sollten nach Gebrauch sofort abgebürstet werden und dann gut trocknen und lüften können. Wenn nötig, werden sie gewaschen, aber nicht in starker Seifenlauge oder mit scharfen Reinigungsmitteln, da diese eine Hautreaktion des Pferdes hervorrufen können. Ledergurte sollen weich und geschmeidig bleiben. Der dreifach gelegte Ledergurt hat daher eine geölte Einlage.

Satteldecken sollen sauber, trocken und weich sein. Wenn sie hart geworden sind, kann es zu Druckstellen am Rücken kommen, und sie erfüllen nicht mehr ihren Zweck. Regelmäßiges Abbürsten mit einer harten Bürste oder „Kämmen" mit dem Plastikstriegel hält die Felldecke weich. Viele Satteldecken können in der Maschine gewaschen werden, aber

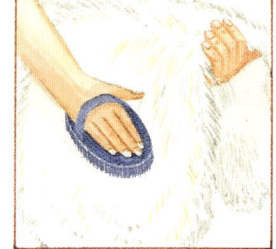

Lammfelldecken wäscht man am besten mit der Hand, läßt sie an der Luft trocknen und ölt sie eventuell ein.

Bei der Aufbewahrung des Sattel- und Zaumzeugs ist vor allem zu beachten, daß die Luft nicht zu heiß ist, da das Leder sonst austrocknet. Feuchtigkeit hingegen führt schnell zur Bildung von Mehltau.